SIGNO DE ESCORPIO

By DANIEL SANJURJO

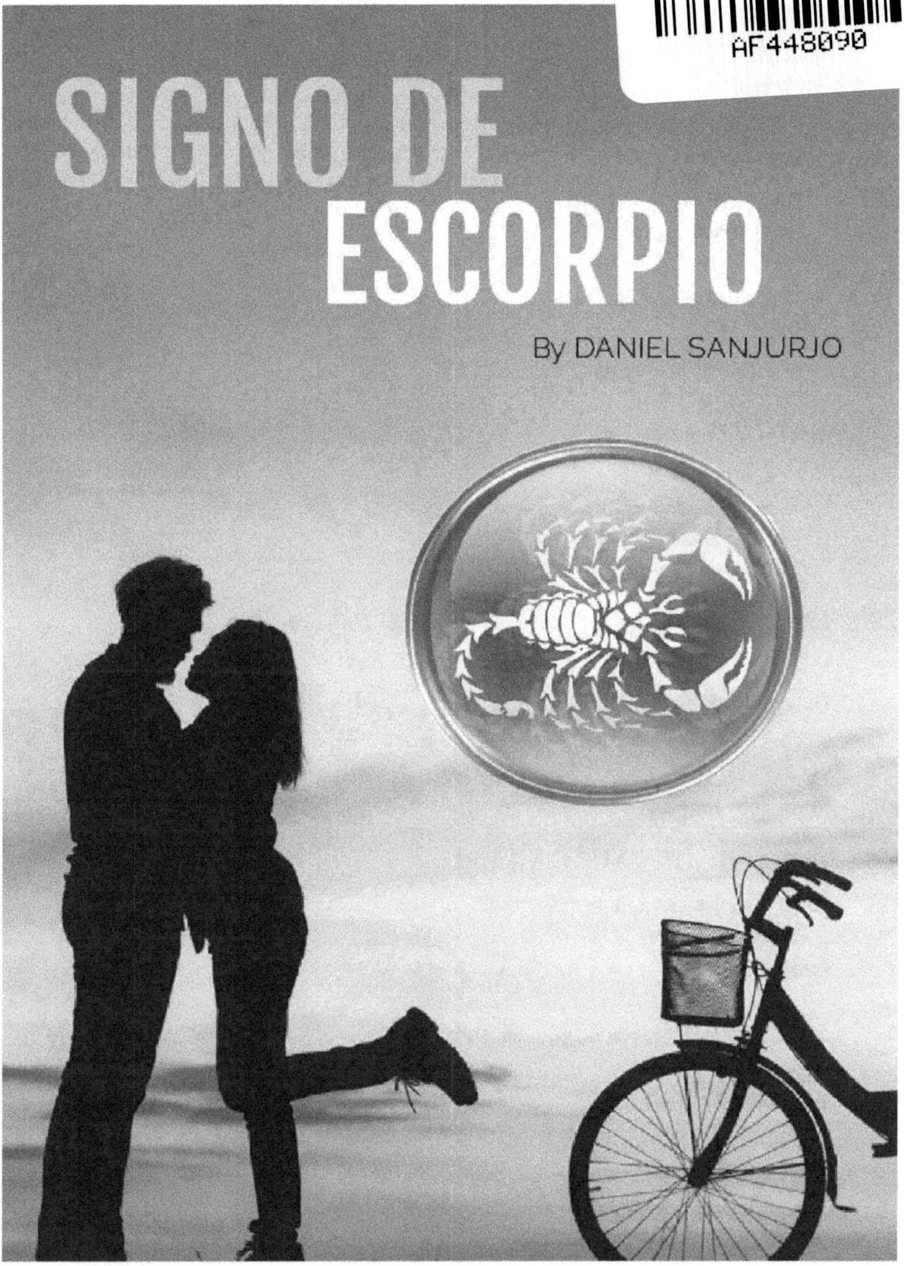

Table Of Contents

Table Of Contents

Table Of Contents

Signo Escorpio

El signo Escorpio es emocional, decidido, poderoso, celoso, compulsivo y un poco obsesivo.

Personalidad de Escorpio

Escorpio es **un signo intenso** con una energía emocional única en todo el zodiaco. Aunque puedan aparecer tranquilos, los Escorpios tienen una agresión y magnetismo interno escondidos dentro.

Compatibilidad Escorpio

Escorpio es emocional, decidido, poderoso y apasionado. El Escorpio es un signo con mucho magnetismo. Les gusta la verdad, el trabajo cuando tiene sentido. A un Escorpio le gusta involucrarse en causas y convencer a los demás. Los signos, que buscan liderazgo y seguridad en su pareja, no se sentirán defraudados.

Características de Escorpio

Personalidad del signo Escorpio, ¿Cómo son los Escorpios?

Fechas Escorpio 24/10 - 21/11

Descripción de Escorpio

Escorpio es **un signo intenso** con una energía emocional única en todo el zodiaco. Aunque puedan aparecer tranquilos, los Escorpio tienen una agresión y magnetismo interno escondidos dentro.

Son afables, buenos tertulianos, reservados y cortés, pero aunque parezcan estar algo retirados del centro de actividad, en realidad están observando todo con su ojo crítico.

El Escorpio es el símbolo del sexo, y los Escorpio **son personas muy apasionados y sensuales.** Para los escorpio, el acto del amor es un acto espiritual y son capaces de sentir cosas que otros signos nunca logran. Su intensidad de sentimientos hace que sus relaciones amorosas son profundas, mágicas y, a veces, trágicas. Cuidan mucho a sus amigos, aunque si alguien les traiciona es difícil recuperar su amistad y confianza..

Cómo es Escorpio en el trabajo

Dado su capacidad para casi todo, los Escorpios pueden en teoría triunfar en casi todo. Son buenos médicos, científicos, policías, detectives, abogados y escritores. Pueden ser buenos oradores, predicadores y diplomáticos. En realidad, si un Escorpio se aplica y controla su lado negativo, su futuro profesional no tiene límites.

Conquistar a Escorpio

Consejos generales paras seducir a un Escorpio, para enamora a un Escorpio hay que tener muy claras las ideas.

Cómo enamorar a un Escorpio

No plantees retos fáciles, ni halagos, nada de eso servirá con un Escorpio

Olvidarse de dar pasos sin sentido y tener una orientación muy clara de a dónde se quiere llegar. Hay que **actuar con decisión** y con una clara idea de lo que quieres de un Escorpio. Si deseas conquistar a un Escorpio., **empieza por ganarte su respeto.**

Su carácter apasionado no es ni mucho menos una ventaja. A esa condición hay que añadir su personalidad poderosa, emotiva, orgullosa, terca y autosuficiente.

Otro punto importante y común en los dos sexos de Escorpio, es el culto al cuerpo. **Para ellos es muy importante la imagen**, por lo tanto se cuidan mucho, tanto en la alimentación como en el deporte o ejercicio. Suelen estar delgados y en forma. Una forma de coquistarles es ir con ellos al gimnasio, a correr o lo que se tercie. Os aseguro, que por ahí tendríais mucho ganado.

Son malos enemigos, así que cuidado con hacerles daño. Conviene no correr riesgos a la hora de plantear una relación equivocada.

Una **vertiente importante en los Escorpio es el sexo**, su símbolo. Como personas apasionadas y sensuales exigirán unas dimensiones inexistentes en otros signos. Es importantes no fallarles en este tema. Hay que recodar aquí que el sexo para los Escorpio. tiene trascendencia espiritual, sobrepasando cualquier mero planteamiento superficial.

Ver también los **Escorpio y el sexo** | **Compatibilidad Escorpio**.

Como conquistar a un hombre Escorpio

Y si deseas hacerle un *strip-tease* recuerda practicar y hacerlo a la perfección, con la ropa adecuada y con mucho estilo.

Como conquistar a una mujer Escorpio

La mujer Escorpio posee una tipología de signo extremadamente poderosa.

Si quiere seducir a una mujer Escorpio **debes estar preparado para hacer frente a profundas emociones, y también a los celos**. Con su amante Escorpio nunca espere un viaje tranquilo en calma.

Una regla importante para tratar con mujeres de este signo es **no escarbar en su pasado**. Un signo en el que lo privado y secreto tiene una gran trascendencia.

Los Escorpios **son hábiles en el arte de la seducción sexual**. Por tanto no descuides este tema si ha llegado el momento para ello.

Las mujeres Escorpio necesitan tiempo para tomar decisiones. Por tanto no la fuerces para tomar una decisión.

No seducirás a una Escorpio presionándola o tratando de dominarla. Invítala a sitios misteriosos y trata de que vaya afianzando sus deseos y decisiones.

A los pertenecientes a este signo les gusta tener el papel de seductores. Sé valiente y audaz y el Escorpio te verá digno de ser conquistado /a. A los pertenecientes a este signo le gustan los retos. También le gusta el intelecto y las personas. que viven la vida intensamente. Esto prenderá el fuego y la pasión de este signo. Ten muy presente lo que hemos dicho en **Cómo conquistar a un Escorpio**.

Dale un toque picante. Cuando se trata de sexo, los Escorpio quiere hacer todo lo humanamente posible por sobresalir. El sexo es todo un cúmulo de placer y de posibilidades para los pertenecientes a este signo. La rutina les aburrirá y les llevará a las lágrimas. Mantén la excitación en un /a amante Escorpio y será una máquina sexual.

La conducta sexual de un /a Escorpio es indomable y la tuya tiene que ser comparable o estar a la altura de la ella. Tienes que ser capaz de mantener el nivel. Si no compartes la adoración de Escorpio en los frecuentes encuentros pasionales, le provocarás tristeza, el desánimo y perderás interés como amante.

Hay que tener cuidado con los Escorpio y **no jugar con su pasión**. Pueden ser letales y vengativos.

Regalos para Escorpio

¿Tienes que hacer un **regalo** a un amigo o familiar o pareja **Escorpio** y no sabes bien qué regalarle? Aquí te ofrecemos algunas sugerencias sobre los mejores regalos para alguién cuyo signo es Escorpio

- Un **reloj** que muestra la hora en distintas ciudades del mundo.
- Una **colonia** seductora.
- La **biografía** de alguién con gran poder.
- Un **telescopio** con manual para estudiar las estrellas.
- Unos calzoncillos boxer de seda.
- Un **libro** sobre el Kama Sutra.
- Una tabla de windsurf o unas clases con un monitor.
- Cualquier **artículo relacionado con barcos**, desde un velero para los más ricos, hasta una barquita hinchable para llevar a la playa, para los que tienen menos presupuesto.
- Una **caña de pescar**.
- Una **caja de herramientas** para hacer bricolaje.
- Un saco de dormir.
- Una botella de champán y **un bote** de caviar.

Regalos para mujeres Escorpio

- Un **viaje sorpresa** a cualquier sitio de interés arqueológico, desde las pirámides de Egipto, hasta la ciudad de Mérida.
- **Lencería** muy atrevida.
- Una **novela de misterio**, tipo Agatha Christie, o un DVD con una película de Sherlock Holmes.
- Un **curso** de buceo o de vela.
- Un fin de semana para los dos en un balneario con tratamientos incluidos.
- Una **baraja de las cartas Tarot**.
- Un **crucero** en un lugar exótico.
- Una **carta astral**.
- Un **microscopio**
- Un **libro** sobre la Numerología.
- Aceite aromático para hacer masajes.
- Un divertido juego de mesa o una película erótica.
- Velas perfumadas y palitos de incenso.

Símbolos de Escorpio

El intenso Escorpio es un signo de Agua, reservado y cautivador. Para los nacidos entre (23/10 - 22/11).

Escorpio es el **seductor** del Zodíaco. Escorpio está gobernado por **Plutón**. Su símbolo es el **Escorpión**. Su emplazamiento natural es la octava casa, la casa de las pasiones: sexo, nacimiento y muerte.

Colores, Piedras, Metales, Árboles y Flores de Escorpio

- **Colores**: Rojo oscuro, marrón y negro. Estos colores están asociados a Plutón, el gobernante de Escorpio.
- **Piedras**: Topacio, malaquita y jaspe.
- **Metal**: Sodio.
- **Árboles**: El tejo, el cedro y la acacia
- **Flores**: Azalea, gladiolos y eléboro.

El Escorpio es el gobernante de esta magnífica criatura y pueden relacionarse con sus más profundas cualidades místicas. Simbólicamente, los lagartos son *totems* de la transformación y pueden ser evocados para experiencias proféticas y psíquicas.

La Serpiente

La deslizante, larga e impredecible Serpiente es otra creación única gobernada por el signo Escorpio. La serpiente es un símbolo de la 'verdadera' transformación - metamorfosis en su forma más pura. Un antiguo símbolo de la sanación y el crecimiento, la serpiente puede guiarnos tras una experiencia traumática y dolorosa.

La Mariposa

La exquisita y evasiva Mariposa. Además de su magnífico esplendor, la mariposa también posee un lado misterioso de su naturaleza. Es una de las pocas especies en el universo (incluso podría ser la única) que pasa por una metamorfosis completa. Y si eso no fuera suficiente, es un organismo vivo que impulsa la energía solar en sí mismo. Sí, la energía solar. ¿Sabías que la mariposa tiene que calentarse a 81 grados antes de poder volar?

El Búho

El sabio, vigilante y silecioso Búho está asociado con la noche, la luna, y la oscuridad misterios de la vida.

Personajes célebres que son Escorpio:

Carlos de Inglaterra, Bill Gates, Infanta Leonor, Fran Perea, Leonardo DiCaprio, Meg Ryan, Richard Burton, Winona Ryder, Calvin Klein, Grace Kelly, Jodie Foster, Roseanne, Pablo Picasso, Julia Roberts, Bryan Adams, Ted Turner, Whoopi Goldberg, Burt Lancaster, Demi Moore.

Compatibilidad Escorpio y Escorpio

Escorpio y Escorpio, Agua + Agua

COMPATIBILIDAD DE HORÓSCOPOS

euroresidentes.com

La atracción sexual entre dos apasionados Escorpio es fuerte, pero la temperatura no puede ir siempre en aumento. Los dos son muy parecidos y, sin embargo, apenas se entienden mutuamente. La duplicidad del elemento Agua le imprime un **profundo poder emocional** y hace de lupa, que magnifica cada uno de los elementos de la compleja individualidad de ambos.

Esta combinación lleva la intuición a lo más alto o la hunde en lo más profundo, pero dado que ambos son signos Fijos, el mayor reto será cuándo los deseos individuales de ambos entren en conflicto. Si coinciden en algo, genial. Si no, cada uno de ellos estará preparado para no ceder el tiempo que haga falta hasta conseguir que se haga a su manera.

COMPATIBILIDAD DE HORÓSCOPOS

euroresidentes.com

Se trata de una combinación apasionada y fiel, y puede ser **una de las mejores del Zodíaco**. Incluso si no es una **relación romántica**, es probable, que los dos sean cariñosos mutuamente y se sientan muy cómodos con el contacto físico. **Estos dos signos pueden ser amigos maravillosos, familiares, socios empresariales y compañeros.**

Escorpio es famoso por ser seductor y apasionado y a Capricornio no le molestará ni lo más mínimo. Mientras Escorpio no seduzca a alguien más, **Capricornio estará encantado** de recibir tanta pasión y deseo. Escorpio no teme acercarse de verdad y con franqueza y eso impresiona a Capricornio. Otros pueden confundir la reserva de Capricornio con una actitud distante, pero en lo más profundo de su interior, la mayoría de **los Capricornio estarian encantados** de que alguien penetrara sus defensas.

Escorpio puede hacerlo y conseguir que a Capricornio le guste… ¿Qué más se puede pedir? No obstante, ambos deberán tener cuidado de no caer en su tendencia a la actitud posesiva, los celos y la venganza. Tanto **Capricornio como Escorpio pueden ser exigentes y rencorosos**, por lo que conviene asegurarse de que ambos conocen de antemano las reglas del compromiso y están de acuerdo con ellas.

Escorpio es un signo de Agua, lo que armoniza bien con la naturaleza de Tierra de Capricornio. Escorpio se siente más cómodo que Capricornio con las emociones y puede ayudarle a abrirse y a expresar sus sentimientos en un entorno seguro. A cambio, la personalidad más práctica y sólida de Capricornio inspira a Escorpio a utilizar sus poderes creativos de forma constructiva.

16

Como signo Fijo, Escorpio puede ser muy leal y mostrar un gran compromiso con los objetivos y valores conjuntos, y no le importará que la inclinación de Capricornio como signo Cardinal sea la de asumir el papel de liderazgo. Aun así, habrá que tener cuidado de mantener abiertas las líneas de comunicación. Cuándo esta relación va mal, los sentimientos de dolor y el resentimiento pueden durar varias vidas, dado que ninguno de los dos tiene tendencia a perdonar y olvidar.

Los dos **pueden ser muy felices juntos**, ya sea en una relación familiar, una sociedad empresarial o una conexión romántica. Cuándo otras situaciones facilitan una buena comunicación y compatibilidad, esta puede ser una relación muy exitosa y duradera. Se trata de una combinación dinámica y apasionante con un gran potencial para el largo recorrido.

Consejos para hacer que funcione:

Para que funcione, Escorpio tendrá que respetar la necesidad de Capricornio de centrarse en el trabajo y en sus objetivos; y Capricornio tendrá que buscar tiempo para hacer que Escorpio se sienta más querido.

Capricornio
22/12 - 20/1

Escorpio
23/10 - 22/11

Compatibilidad Tauro - Escorpio

Tauro y Escorpio. Tierra + Agua

La compatibilidad entre Escorpio y Tauro es más alta de lo que podría parecer. Tauro y Escorpio son signos zodiacales opuestos y por eso, a veces, se atraen mutuamente sin remedio. Su primer encuentro podría ser sencillamente increíble y a Tauro le podría sorprender la pasión, que despierta su presencia. Dada la conexión que existe entre Marte y Venus hay muchas probabilidades de que surja una fuerte atracción magnética entre los dos signos Tauro y Escorpio.

A nivel intelectual ambos son menos propensos a encontrar una plataforma común, pero si lo hacen, ésta puede llegar a ser, con total seguridad, **una de las mejores combinaciones** amorosas del zodíaco, en cuanto a compatibilidad.

Tanto **Tauro como Escorpio son muy posesivos**, y especialmente Escorpio, celosos. Escorpio exige mucha más unión emocional e intimidad, que Tauro lo que puede crear algunos problemas.

Otro rasgo común que puede conducir a discusiones es **la testarudez de ambos. La inflexibilidad de Escorpio entrará en conflicto** con el elemento Tierra y el enfoque terco de Tauro. Las parejas de esta combinación coincidirán en algunas cosas, pero discutirán indefinidamente sobre otras, y se enfrentarán bastante a menudo. Ambos necesitan comprometerse de vez en cuando. **El control del dinero** será una de las principales pruebas y ambos signos deberán esforzarse en este campo para que la relación funcione.

Puesto que, tanto a Tauro como a Escorpio les cuesta expresarse del todo, su descarga de emociones les puede frustrar. Necesitan aprender a abrirse, al menos ante su pareja. Aunque puede haber desconfianza por ambas partes, nunca será un verdadero problema, ya que ambos son extremadamente fieles y leales. Mientras se las arreglen para dejarse espacio mutuamente, la relación puede funcionar perfectamente.

Escorpio necesita expresar su amor a través del sexo, mientras que Tauro puede necesitar más cariño, porque es más sensible. Escorpio ayudará a Tauro a explorar la parte de sí mismo en la, que el amor y la sensualidad alcanzan su punto álgido, mientras que Tauro puede ser capaz de persuadir a Escorpio para que se vuelque en su lado más indulgente y aprenda a dejarle vivir.

Ver Tauro y el sexo y Escorpio y sexo.

La mayoría de los **Escorpio son compatibles para esta relación**, pero los nacidos entre el 24 de Octubre y el 2 de Noviembre son especialmente ideales; los Tauro más compatibles son los nacidos entre el 20 y el 29 de Abril.

Compatibilidad Escorpio y Leo

La compatibilidad entre Escorpio y Leo es bastante baja. La atracción es enorme, **pero el choque fuertes caracteres más.** El romántico Leo, un Signo de Fuego, es autosuficiente y seguro y un amante ardiente, lleno de encanto personal y magnetismo físico...Un reto maravilloso. A pesar de su bravuconería, el intrépido pero sincero Leo se verá fascinado al instante por las estrategias de Escorpio y su legendario ingenio.

En cuanto a **su relación sexual,** la combinación de Fuego y Agua genera bastante vapor como para accionar una turbina. **El entusiasmo y la pasión de Leo** han de ser devueltos en la misma medida, pero la **sexualidad de Escorpio es profunda**, acaparadora e intensa, por lo que no habrá ningún problema.

A Leo le encanta brillar, por lo que **el sexo será una exhibición orgullosa**; además, le encanta reunir trofeos. Escorpio busca la transformación a través de la experiencia sexual y raramente se toma la búsqueda a la ligera. Regido por Marte, el Dios de los actos primitivos y Plutón, el Señor del Inframundo, Escorpio mezcla la pasión primaria con una necesidad profunda de desvelar los misterios de la vida y la muerte, especialmente los sexuales.

COMPATIBILIDAD DE HORÓSCOPOS

euroresidentes.com

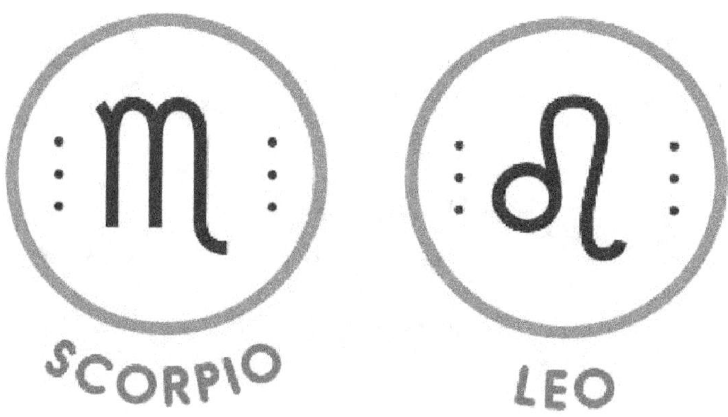

Leo se cansará pronto de cualquier posesividad y celos malhumorados. Y Escorpio se cansará del juego y ya no estará tan dispuesto a halagar el ego de Leo o aceptar el deseo sin fin de dominar de la bestia. ¿Podrá Escorpio con la constante extravagancia y escalada social desvergonzada de Leo?

Si un Escorpio se enamora de un Leo, convendría pedir una comparación completa de sus cartas astrales para ver si hay otros factores menos explosivos. Unas lunas bien situadas podrían permitir, que ambos vivan y trabajen juntos, si no en armonía, al menos, con un sentido de destino y consecución (y buen sexo). Si se logra aprovechar la turbina de vapor, se podría suministrar energía a comunidades enteras. Si no, es mejor tapar las heridas y tomar otra dirección.

Consejos para hacer la pareja formada por Escorpio y Leo funcione

Una relación entre Escorpio y Leo podría funcionar si ambos tienen claros sus sentimientos e intenciones desde el primer momento, establecen unas reglas del juego y saben que su pareja puede ser realmente fiel.

Compatibilidad Acuario - Escorpio

¿Cómo se llevan Escorpio y Acuario?
Acuario + Escorpio = Aire + Agua

La compatibilidad entre Escorpio y Acuario es bastante baja. Ambos tienen **personalidades muy diferentes** y su forma de enfocar la vida y las relaciones íntimas es muy distinto. Por otra parte, dónde sí se parecen es su actitud cabezota de imponerse al otro, querer tener siempre razón y las ganas de discutir. ¡Peligro! porque son actitudes, que les pueden llevar a la ruptura.

Los Escorpio son muy intensos, emocionales y apasionados mientras, que los Acuarios son mucho más equilibrados y prácticos. El Escorpio se deja llevar por su intuición e instinto, mientras que los **Acuario parecen más frios, cerebrales y distantes.**

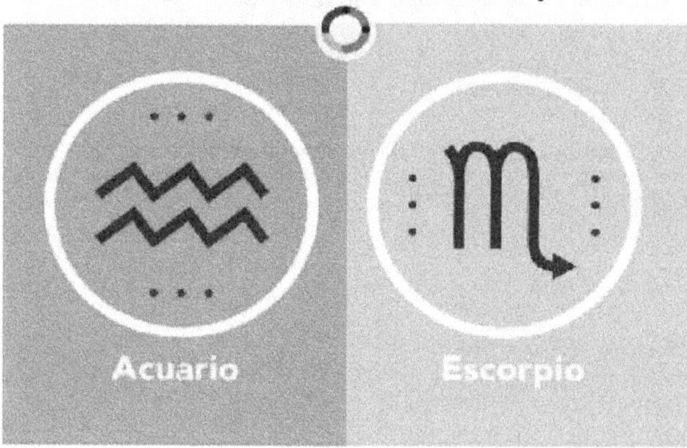

Otro factor a su favor, es que **los dos son grandes comunicadores** y les encanta dialogar, lo que facilitará el que puedan comprenderse y tolerarse.

Al principio, es posible que a un Escorpio le irrite la naturaleza estable y sociable de su pareja Acuario, hasta tal punto que dedique a pincharla y hacerla estallar, para verla perder el control. Si los dos son capaces de reconocer este defecto y evitarlo medianteel dialogo, habrán realizado un gran paso hacia la estabilidad y el éxito.

Los **Acuario tienden a tener muchos amigos,** sin embargo ninguno muy cercano; mientras que los Escorpio suelen a tener pocos pero muy buenos amigos. Ambos signos son bastantes tercos y tienen opiniones muy fijas, lo que hace más difícil todavía una relación de pareja.

En cuanto a su compatibilidad en **las relaciones sexuales**, este es un terreno donde no debe haber muchos problemas, porque la pasión de Escorpio encaja bien con la disposición por parte de los Acuario de explorar sensaciones nuevas. La diferencia entre los dos es que a los Acuarios les gusta mucho hablar, en cambio los Escorpio, prefieren pasar directamente a la acción Para más información ver **Acuario y sexo** y **Escorpio y sexo.**

Tanto **Escorpio como Acuario son signos fijos** y esto puede dar lugar a **una gran atracción.** Pero a Acuario le costará comprender el aire de misterio y los celos de Escorpio, Por su lado Escorpio le costará asumir la parte más impredicible y incontrolable de los Acuario. **Para que una relación entre Acuario y Escorpio funcione** a largo plazo será importante, que ambos comprendan y valoren sus diferencias.

Tanto Escorpio como Acuario son signos muy decididos y no les importa **afrontar un desafío o perseguir una utopia.** Esta capacidad de lucha y decisión puede ser decisiva si ambos deciden, que por encima de todo quieren apostar por su amor y lograr que funcione la relación. Gracias a su perseverancia tal vez logren adaptarse a la personalidad de su pareja y seguir adelante.

Los Escorpios más compatibles para una relación con Acuario son los que nacieron entre el 13 y 22 de noviembre, mientras que los Acuarios más compatibles son los nacidos entre el 9 y 18 de febrero, porque son los más emocionales y sensuales debido a la influencia de Venus y Libra.

Compatibilidad Cáncer y Escorpio

Cáncer y Escorpio, Agua + Agua

Las personas, que nacen **bajo el mismo elemento suelen sentirse cómodas** y atraerse entre sí. Este es el caso de Cáncer y Escorpio. **Tiene un grado de compatibilidad alto.** Ambos son sensibles, emocionales y cariñosos, pero Escorpio tiene un modo muy distinto de expresar el amor.

El amor de Escorpio es exigente y pide mucho más a cambio de lo que da. Los Escorpio también tienden, en general, a ser menos constantes.

Las personas, que nacen **bajo el mismo elemento suelen sentirse cómodas** y atraerse entre sí. Este es el caso de Cáncer y Escorpio. **Tiene un grado de compatibilidad alto.** Ambos son sensibles, emocionales y cariñosos, pero Escorpio tiene un modo muy distinto de expresar el amor.

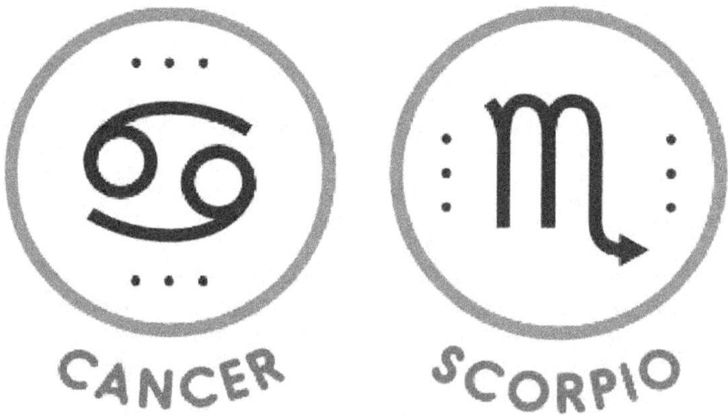

Las relaciones sexuales entre Cáncer y Escorpio pueden ser muy gratificantes a largo plazo, porque a los dos signos les gusta el sexo y son abiertos y cariñosos. Sin embargo hay diferencias importantes: mientras Escorpio se guía por lo puramente sensual, Cáncer necesita unos lazos afectivos y un nivel mayor de amor en las relaciones a largo plazo.

Ver Cáncer y el sexo y Escorpio y el sexo.

Los Escorpio más compatibles con los Cáncer son los nacidos entre el 24 de Octubre y le 2 de Noviembre. Los Escorpio nacidos entre el 13 y el 22 de Noviembre también son bastante compatibles con Cáncer. Los Cáncer más compatibles con Escorpio son los nacidos entre el 2 y el 22 de Julio.

Compatibilidad Escorpio y Sagitario

Escorpio y Sagitario. Agua + Fuego

La pareja formado por Sagitario y Escorpio es una combinación muy difícil porque mientras el aventurero **Sagitario adora los cambios** y la exploración de horizontes lejanos, asumiendo todo tipo de riesgos (físicos, emocionales y espirituales) para, a continuación, pasar al siguiente gran reto.

Escorpio prefiere ir directamente al meollo de la relación, regocijándose en la exploración del compromiso y el poder emocional. Por lo tanto **la compatibilidad entre ambos es baja.**

No hay duda de que puede haber cierta **atracción sexual** entre Sagitario y Escorpio, pero si se cruza esta línea probablemente será **para salir escaldado.** No obstante, si Sagitario quiere este reto, Escorpio aceptará.

COMPATIBILIDAD DE HORÓSCOPOS

euroresidentes.com

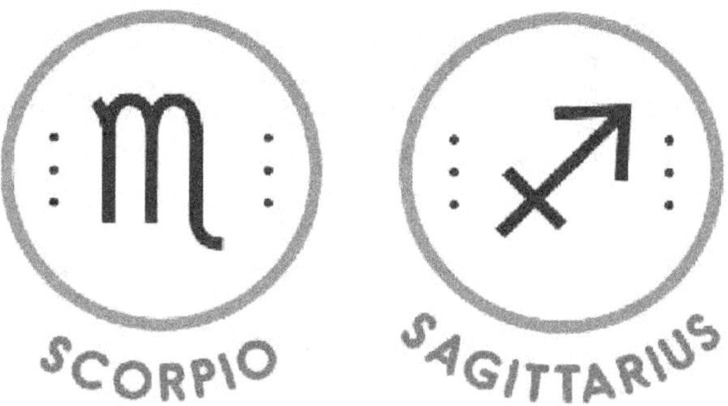

El apasionado Escorpio, un signo de Agua, está regido por el enérgico Marte, Dios de la Guerra y el furioso Plutón, Señor del Inframundo, mientras que Sagitario, signo de Fuego, está regido por el filosófico Júpiter, Señor de la Danza. Dado que **ambos tienen mucho interés por el sexo**, esta combinación puede ser una de las más fogosas del zodíaco. Sin embargo, **Sagitario es impulsivo y espontáneo**, incluso caprichoso, mientras que con Escorpio todo sucede bajo la superficie, siendo difícil saber, qué está pasando realmente.

El Escorpio es un signo Fijo, mientras, que Sagitario es un signo Mutable, por lo que de una manera u otra, **la estabilidad y fuerza de Escorpión atraen al desenfadado Sagitario**. Dicho esto, a Sagitario le será difícil entenderse con el aire de misterio de Escorpio y con esa área independiente qué constituye una zona prohibida.

Sagitario es irascible pero se calma enseguida, mientras que Escorpio puede estar, que arde durante días antes de estallar en un furioso volcán. Escorpio puede ser también muy posesivo y celoso, algo que choca con el espíritu coqueto y amante de la libertad de Sagitario. La sexualidad juguetona de Sagitario pronto encontrará la pasión dominante e intensa de Escorpio difícil de soportar y tenderá a huir.

Si la atracción es fuerte, como puede suceder si los signos lunares u otros factores son compatibles, ambos deberán buscar un terreno común a partir del cual llegar a un conocimiento mutuo a largo plazo. **Escorpio** debería entender, que **no puede tener a Sagitario como un pájaro enjaulado**. La franqueza abierta de Sagitario también choca con Escorpio, ya que Escorpio es reservado y le gusta manipular, mientras que Sagitario prefiere ser directo y abierto. **Sagitario tendrá que controlar su lengua** y Escorpio deberá guardar el látigo y las espuelas, al menos mientras realizan planes de viaje. Se trata de una combinación bastante difícil.

Consejos para hacer que funcione la pareja Escorpio - Sagitario

Compatibilidad Aries y Escorpio

Aries y Escorpio Fuego + Agua

Aries y Escorpio es una combinación muy complicada y ambos signos deberán poner mucho de su parte, para que la relación funcione, debido a sus enormes diferencias entre sus carácteres. Sus planetas regentes, Marte y Saturno, son fuerzas diametralmente opuestas.

Aries tiende a ser extrovertido, seguro e impulsivo y no suele tomarse bien las críticas; mientras que los **Escorpio son mucho más introvertidos**, prácticos, conservadores e incluso, pesimistas.

Son muy metódicos en su modo de abordar la vida y las relaciones y necesitan tener un plan cuidadosamente detallado de toda su vida, mientras que Aries se siente atraído por la emoción de los desconocido, por la improvisación. Los Escorpio suelen ser muy justos, pero también bastante severos y serios, por lo que Aries se puede sentir juzgado por su pareja Escorpio.

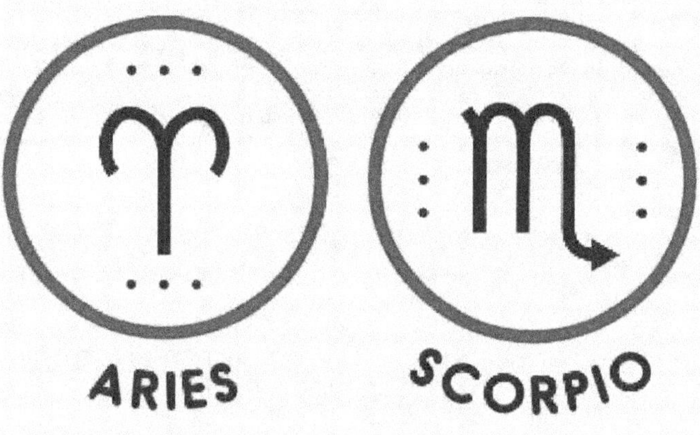

Los Escorpio suelen ser más reservados que Aries, pero pueden ser igual de críticos y esto puede originar problemas, especialmente debido a que tienen perspectivas muy diferentes de la vida. Ambos signos son decididos y enérgicos, por lo que una pareja Escorpio-Aries se puede adentrar en un patrón de intensas discusiones seguidas de cariñosas sesiones de aclaraciones posteriores. Muchos signos simplemente no tienen la energía necesaria para seguir el ritmo de Escorpio, pero Aries tiene ambas, tanto física como mental, otro punto a favor para el éxito de la relación.

Sexualmente son muy compatibles, puesto que ambos están regidos por el apasionado Marte. Escorpio puede inspirar a Aries para ver más allá de lo superficial y ambos disfrutarán explorando juntos las caras más profundas de la vida.

Ver Aries y el sexo

Los **Escorpio más compatibles** para esta combinación son los nacidos entre el 15 y el 23 de noviembre, por ser los que tienen más capacidad para calmar la intensa naturaleza emocional de Aries. Los Aries más compatibles con Escorpio son los nacidos entre el 11 y 19 de abril.

Compatibilidad de Géminis y Escorpio
Géminis y Escorpio. Aire + Agua

La compatibilidad entre Escorpio y Géminis es bastante baja y ambas partes de la relación deberán trabajar duramente para conseguir, que funcione. Si son lo suficientemente decididos, podría ser posible, pero deberán tener cuidado o se podrían ver envueltos en un escenario en el, que incluso dirigirse la palabra les resultaría difícil.

Géminis y Escorpio son totalmente opuestos entre sí en casi todos los aspectos de sus personalidades, de ahí que hacer que esta combinación zodiacal funcione sea todo un reto.

Escorpio es un individuo altamente emocional, que siempre forja relaciones profundas y significativas. **Géminis,** en cambio, difícilmente se ata a otra persona y la mayoría de sus **relaciones amorosas** tienden a **ser superficiales** hasta que encuentre a su verdadera media naranja.

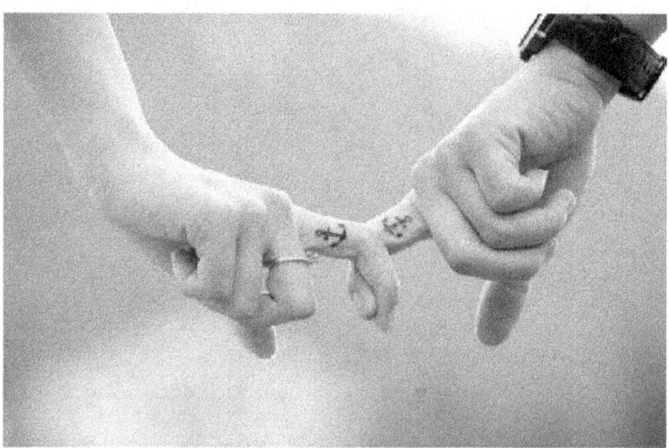

Géminis es intelectual, pero de un modo informal y alegre, mientras que Escorpio está en una transformación radical y profunda. **A Escorpio no es superficial.** No le gustan las discusiones tontas, que se quedan en la superficie de infinidad de temas, que es lo que a Géminis le gusta. Escorpio buscará el significado más profundo de todo, algo que puede resultar demasiado profundo y pesado para Géminis mientras que la frivolidad de Géminis no irá demasiado bien con Escorpio, que probablemente encontrará a Géminis demasiado infantil, inmaduro e irresponsable.

Géminis flirtea por naturaleza y eso disparará los celos de Escorpio. La incoherencia de Géminis también puede chocar con la estabilidad de Escorpio. A Géminis, Escorpio le resultará demasiado intenso, exigente, pegajoso e intimidante. También se puede sentir encarcelado por el ansia de posesión de Escorpio y ahogado por su elevado nivel de exigencia, puesto que la mayoría de estas exigencias son contrarias a la naturaleza de Géminis.

Sin embargo, no está todo perdido si ambos miembros de la relación, en lugar de juzgar **a su pareja, se las arreglan para complementarse mutuamente con sus cualidades opuestas.** Esto requerirá una buena dosis de ajuste y compromiso y la compatibilidad de esta combinación amorosa dependerá, finalmente, de si consiguen hacerlo o no. Si Géminis puede evitar sentirse inseguro cuando Escorpio se muestra profundo, descubrirá cosas sobre sí mismo que desconoce; mientras que su actitud despreocupada y clara ante situaciones concretas podría ayudar a Escorpio a abandonar su enfoque duro e inflexible y enseñarle a mirar la vida con una disposición más ligera (siempre y cuando no se exaspere antes).

Sexualmente, Escorpio sorprenderá a Géminis y ambos podrán disfrutar juntos de una unión interesante, apasionada y feliz en la intimidad. No obstante, Géminis puede ser incapaz de responder a la profunda relación sexual que Escorpio necesita y, en ese caso, deberá haber mucho amor, paciencia y confianza para que esta combinación optimice su química sexual.

Géminis y sexo y **Escorpio y sexo.**

Los más compatibles para esta combinación son los Escorpio nacidos entre el 3 y el 12 de Noviembre y los Géminis nacidos entre el 2 y el 12 de Junio, tanto en términos de una relación profesional como en el amor.

Compatibilidad Escorpio y Libra

Escorpio y Libra. Agua +Aire

La pareja formada por Escorpio y Libra tiene la gran ventaja de ser una relación muy equilibrada porque **la compatibilidad entre estos dos signos es altísima**. Libra cuyo planeta es Venus representa el amor, la sensualidad y el placer. En cambio Escorpio está regido por Marte, que representa la acción, la estrategia y el ingenio; y por Plutón, el poder, el inframundo.

Son características muy complementarias porque son opuestos. Generalmente los opuestos se atraen, pero en este caso lo importante es que se complementan. Escorpio ayuda a tomar decisiones a Libra, que es tarea difícil para él, que se lo piensa todo mucho. Y Libra ayuda a Escorpio a profundizar en el amor y a dar sentido a sus sensaciones y emociones. Escorpio que vive siempre en una amalgama de emociones y sensaciones, es ayudado por Libra en vivir esas pasiones poniéndole nombre, dentro de una elegancia y unas formas, que Escorpio no tiene. Los dos se atraerán y se gustarán solo verse, y entrarán en un juego de insinuaciones muy sensual.

COMPATIBILIDAD DE HORÓSCOPOS

euroresidentes.com

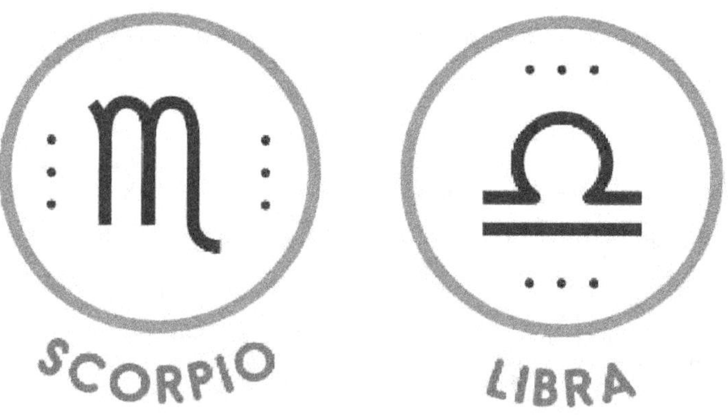

Por otro lado, **Escorpio es muy celoso,** porque necesita controlar a su pareja, pero con Libra no tendrá problemas, porque una vez tiene pareja nunca coqueteará con nadie más. Cuando Escorpio se muestre egoísta y no esté atento a las necesidades de Libra, éste se lo hará notar sin ningún problema y con bellas palabras, para cobrarse lo que le corresponde. Un Libra jamás permitiría, que nadie ensucie el concepto idealista, que tiene sobre el amor y sabrá meter en cintura Escorpio.

En lo que se refiere al trato con la gente, **Escorpio carece de tacto mientras que Libra es todo sutileza.** Escorpio tiene mucha fuerza, poder de decisión, intuición, determinación y resistencia; en cambio Libra aún teniendo las cosas claras y sabiendo a dónde va y lo que quiere, le cuesta decidirse. Pero no hay problema, porque Escorpio le aportará ese empuje, que le falta. Por otro lado, a veces a Escorpio le faltan las palabras y no sabe cómo expresar lo que siente y en eso le ayudará Libra.

Las ideas no faltarán entre ellos. Se pueden convertir en una pareja de éxito, porque pueden llegar a montar negocios juntos y a ganar mucho dinero. Libra es un signo cardinal, por lo que es creativo y está siempre a la última y muy bien informado. Escorpio es un signo fijo, por lo que tiene instinto para los negocios y es lanzado. Lo que tienen en común es que aman el riesgo, disfrutan con él (si no se aburren) y lo buscan porque quieren triunfar. Libra quiere innovar y Escorpio quiere afianzar y lanzarse, por lo que serán unos socios perfectos.

Consejos para hacer que funcione una relación entre Libra y Escorpio

La relación funcionará si Escorpio le deja espacio a Libra para que respire y no se sienta agobiado. Tampoco debe recordarle todo lo que es capaz de hacer sexualmente y hasta donde ha llegado, porque Libra necesita sentir, que en ningún momento ha dejado de ser elegante y limpio. Escorpio se quedará con un Libra, si es sexualmente activo y se deja llevar hasta las profundidades de los más íntimo. El secreto es la comunicación, porque uno es muy franco y abierto y el otro es todo secretismo. Deben aprenden a comunicar y confiar uno en el otro, para formar un tándem perfecto.

Compatibilidad Escorpio y Piscis

Escorpio y Piscis. Agua +Agua

La atracción de Escorpio y Piscis es irresistible, una unión con todas las posibilidades de éxito. Los dos son apasionados y leales, por lo que es fácil que disfruten de un compañerismo natural. Escorpio es un Signo Fijo, por lo que una vez que se compromete, se entrega totalmente.

Con el apasionado Marte y el inquisidor Plutón como principales regentes, protege a su ser amado y desea sumergirse a lo más profundo del amor. Piscis es un Signo Mutable, regido por el curativo Júpiter y el imaginativo Neptuno. Los Peces nadan hábilmente, proporcionando apoyo y estímulo. Piscis es sensible, por lo que Escorpio deberá tener cuidado con su despiadado aguijón.

COMPATIBILIDAD DE HORÓSCOPOS

euroresidentes.com

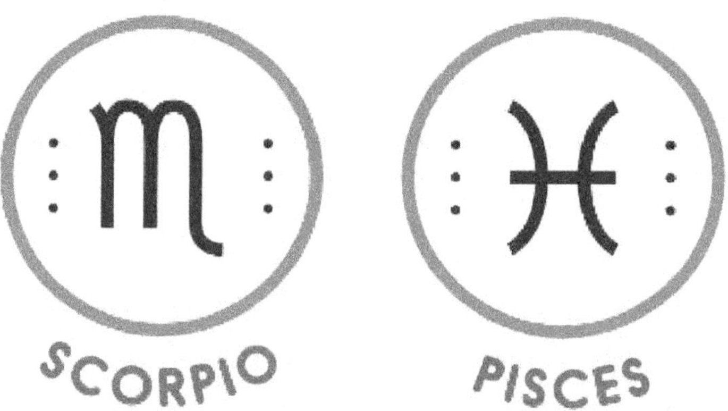

Escorpio y Piscis son Signos de Agua, por lo que fluyen de forma natural juntos, a menudo buscando un objetivo común como dos corrientes devienen en un río. **Piscis y Escorpio se comunican de forma sutil**, leyendo el estado de ánimo del otro y sus pensamientos. Los dos tienen el don de los sueños psíquicos y pueden llegar a saber cosas del pasado o futuro a través de sus sueños. No obstante, conviene asegurarse de no estar únicamente fluyendo, disfrutando de la unión, sin ir en realidad a ninguna parte. Un poco e Tierra y Fuego en las cartas de ambos **asegurará una relación estable e inspiradora.** Sin este equilibrio, ambos podrían ir a la deriva con escapismo y fantasía.

El atractivo por la adicción acecha en las sombras de Plutón y las neblinas de Neptuno. Las naturalezas de ambos son propensas de maneras diferentes. La vida en común podría discurrir por un camino indulgente, a no ser que logren aclararse como individuos y como pareja. Hay que recordar, que la terca negativa de Escorpio a cambiar y las tendencias evasivas de los Piscis pueden apartarlos del camino. Tanto Escorpio como Piscis son reservados por naturaleza. Si ambos rechazan afrontar los problemas, estos estarán a la vuelta de la esquina. En cambio, si se enfrentan a ellos, no habrá nada, que no puedan resolver juntos.

Escorpio sentirá devoción por su imaginativo amante y, a cambio, el estilo de Piscis traerá chispa a la vida de Escorpio. Esta unión lo tiene todo desde el erotismo sensual a lo profundamente espiritual. Íntima y duradera, es una combinación perfecta.

Consejos para hacer que funcione la relación y el entendimiento mutuo de Escorpio y Piscis será tan fuerte, que será fácil para ambos lograr que funcione.

Compatibilidad de Virgo y Escorpio
Virgo y Escorpio. Tierra + Agua

Tanto Escorpio como Virgo tienen un enfoque práctico ante la vida. No obstante los Escorpio son mucho más aventureros, que el más prudente Virgo. Escorpio tendrá que asumir las reticencias de su pareja Virgo aunque no las comparta.

Ambos signos **son muy exigentes**, aunque con distintos métodos. Los Escorpio suelen tener mucha fuerza de carácter y voluntad y no evitan las confrontaciones. Los Virgo son igual de decididos, pero son más cerebrales y prudentes y a largo plazo, pueden sentir, que su pareja Escorpio es una persona insensible, que no respeta los deseos o necesidades emocionales de su pareja. Ambos signos tendrán, que controlar su tendencia a exigir demasiado para, que la relación funcione.

La compatibilidad de Escorpio con Virgo es bastante alta, ya que la combinación de Tierra con Agua hace, que esta relación suela ser fructífera en muchos sentidos.

Ambos signos **conectan muy bien**, porque Virgo es el signo de amistad y realización para Escorpio, mientras que Escorpio representa el signo de comunicación para Virgo.

GRACIAS
Sus Comentarios son Bienvenidos

Contáctenos si tiene preguntas
Nuestro canal de YouTube
EMAIL: DANNYSANJURNNY@GMAIL.COM

www.ingramcontent.com/pod-product-compliance
Lightning Source LLC
Chambersburg PA
CBHW071241140726
47996CB00007B/2701